AF357164

GUIDE-LIVRET

INTERNATIONAL

DE

L'EXPOSITION UNIVERSELLE

1867

PUBLIÉ EN CINQ LANGUES

FRANÇAIS

ANGLAIS — ALLEMAND — ITALIEN

ESPAGNOL

ADMINISTRATION

16, RUE HAUTEFEUILLE, 16

PARIS

PARIS

IMPRIMERIE A.-E. ROCHETTE

Paris, Boulevard Montparnasse, 72-80

GUIDE-LIVRET

INTERNATIONAL

DE

l'Exposition Universelle

1867

Le **Guide-Livret International** de l'Exposition universelle de 1867 a un double but :

Comme **Guide**, il se propose de conduire, aux portes du Palais de l'Exposition, les Voyageurs des différentes nations et de leur donner, pendant leur séjour, tous les renseignements dont ils ont besoin.

Comme **Livret**, il se propose de fournir aux Visiteurs les indications nécessaires pour étudier, *dans des conditions déterminées de temps et d'objet*, les différentes parties de l'Exposition.

Dès-lors, **deux parties** bien distinctes dans le **Guide-Livret International**.

La première, le **Guide**, *destinée au Voyageur* et ayant pour base *la Nationalité*.

La seconde, le **Livret**, *ayant en vue le Visiteur*, et prenant pour règle *la Spécialité*.

Toutes les Nations seront représentées a l'Exposition de 1867 ; des Voyageurs de toutes les nations visiteront l'Exposition ; on ne saurait songer, cependant, a donner à chaque contrée du monde un Guide écrit dans sa langue nationale.

Quelques idiomes, sans être universels, sont familiers à un certain nombre de nations.

Ainsi, la langue française se parle en *Belgique*, en *Hollande*, en *Russie*, presque aussi purement qu'en France (question d'accent réservée).

La langue allemande règne dans toute l'*Europe orientale*.

La langue espagnole a trouvé une seconde patrie dans les *grandes îles de l'Atlantique* et dans l'*Amérique du Sud*.

La langue anglaise est la langue-mère des *États-Unis*, aussi bien que de la *Grande-Bretagne*.

La LANGUE ITALIENNE s'est vue exporter par la marine marchande, des côtes de la Péninsule à *tous les rivages de la Méditerranée.*

Le **Guide-Livret International** paraitra donc en *cinq langues :*

ANGLAIS   ALLEMAND

  FRANÇAIS

ITALIEN   ESPAGNOL

PREMIÈRE PARTIE

LE GUIDE

Tout Guide doit contenir, pour répondre à son titre, des renseignements exacts sur les points ci-après :

§ I.

Voies et Moyens de Transport

Les principaux renseignements portent sur les *lieux et gares d'embarquement*, sur les *prix de transport*, sur les *heures de départ et d'arrivée*, sur les *buffets*, les *stations de repos*, etc.

Il va sans dire qu'à ce premier paragraphe se rattache tout ce qui concerne les *relations internationales :* combinaisons résultant de *conventions entre les divers États*, ou *entre les Compagnies des divers pays*, — *concordances d'arrivée et de départ entre les services français et les pa-*

quebots ou chemins de fer étrangers, — tarifs des voies de terre et de mer pour toutes les escales, etc.

§ II.

Vivre et Couvert

La nationalité, avons-nous dit, est nécessairement la caractéristique du **Guide**; aussi l'indication des *Hôtels, Restaurants, Cafés recommandés aux Voyageurs* est-elle subordonnée aux langues parlées dans ces établissements ou aux interprètes qui leur seront attachés.

Ces établissements, répartis d'après la loi précédente, sont en outre hiérarchisés, en quelque sorte, suivant la condition de *fortune des Voyageurs.*

Les *prix fournis par les Chefs d'établissement eux-mêmes,* et répondant à des conditions diverses de *bien-être,* de *confort* et de *luxe,* établiront naturellement cette seconde division.

Nous ajoutons à cette partie du **Guide** *la nomenclature des Magasins importants de Paris,* où le Voyageur pourra trouver les objets de *toilette* et de *consommation permanente,* qui se recommandent par leur *qualité* ou leur *prix.*

§ III.

Usages particuliers

Les renseignements donnés sous cette rubrique, seront à tous de la plus incontestable utilité. Ils ont trait aux *transports des dépêches pour les diverses parties du monde,* — à leur *taxe,* — à *l'heure du jour de départ et d'arrivée des courriers,* — aux *transmissions télégraphiques,* — à *l'escompte des valeurs mobilières,* — au *change des monnaies,* — à la *concordance des poids et mesures,* — aux *moyens de locomotion dans l'intérieur de Paris,* tels que *voitures, fiacres, omnibus,* — aux *mesures de police des lieux publics,* — aux *heures* et *tarifs d'entrée,* — aux *pourboires, gratifications, contributions imposées par l'usage,* etc.

DEUXIÈME PARTIE

LE LIVRET

Notre prétention, en faisant le **Guide-Livret International**, n'était pas de copier ni de refaire le *Catalogue officiel* qui a, de sa nature, plusieurs défauts natifs.

Le premier de ses vices de conformation est son *étendue*.

En résumant dans son cadre tout ce que contient le Palais du Champ-de-Mars, *le Catalogue ne tient compte que des produits et nullement du Visiteur*.

Sa mission est de mentionner exactement tous les spécimens du travail humain; mais *il ne peut, sans altérer ses bases propres, se préoccuper de toutes les exigences des Visiteurs, ni se prêter à leurs caprices et à leurs convenances personnelles.*

C'est à des conditions déterminées de *temps* et d'*objet* que doit se conformer un **Livret** qui ne veut pas faire double emploi avec le *Catalogue* et qui a la prétention d'être *beaucoup plus utile aux Visiteurs de toutes les nations.*

Prenant pour base les divisions établies dans le travail humain par les grands économistes, le **Livret** comprendra *douze catégories* qui sont les suivantes :

1° **Agriculteur.**
2° **Métallurgiste.**
3° **Chimiste.**
4° **Constructeur** (*civil et naval*).
5° **Filateur, et Fabricant de tissus.**
6° **Mécanicien.**
7° **Horticulteur.**
8° **Artiste** (Peintre, Sculpteur, Graveur, etc., etc.), **Littérateur, Musicien.**
9° **Professeur** ou **Educateur.**
10° **Médecin** et **Savant.**
11° **Moraliste.**
12° **Homme du monde** ou **Curieux.**

Les Visiteurs de l'Exposition, ainsi divisés en *douze grandes Classes,* dont *chacune saura à* QUELS ENDROITS PRÉCIS *trouver ce qui lui peut être utile et agréable,* la tàche serait terminée s'il ne fallait tenir compte d'un élément qui joue un grand rôle dans les choses humaines : nous voulons dire le *temps.*

Tel Visiteur peut disposer de *huit jours,* tel autre de *quinze,* tel autre de *trente,* etc.

Dans le délai qui lui est imposé par des nécessités ou des convenances personnelles, chacun souhaite *voir le plus possible,* — *éviter les contre-marches,* les *pertes de temps,* — *étudier les objets vraiment utiles ou particulièrement remarquables.*

Pour satisfaire à ces exigences, le **Guide-Livret International** trace des ITINÉRAIRES DE HUIT JOURS, de QUINZE JOURS, de TRENTE JOURS, calculés d'après la nature des objets à visiter, leur nombre, leur importance, l'espace qu'ils occupent, les galeries où ils sont disséminés, l'examen plus ou moins minutieux qu'ils exigent.

Une CARTE DU PALAIS DU CHAMP-DE-MARS éclairera les obscurités de l'Itinéraire imprimé, et aucune erreur ne sera possible en donnant à chaque section une *Carte-Plan avec les divers Itinéraires pointillés en encre de couleurs différentes.*

Chacun de ces Itinéraires combinés de façon à empêcher, ainsi que nous l'avons dit, les *courses inutiles* et les *pertes de temps,* formera un cadre complet.

A la suite de l'indication de l'objet à visiter se trouveront la *désignation de la Galerie, le numéro du Groupe* et celui de *la Classe.*

De plus, chaque Itinéraire sera suivi des *adresses des Exposants,* dont les produits seront indiqués dans cet Itinéraire, toutes les fois que ces produits se recommanderont par l'ingéniosité de l'invention, le goût, le mérite, les procédés d'exécution, l'habileté du travail, la qualité exceptionnelle, la modération du prix de vente.

Il est inutile de faire ressortir les avantages de cette classification qui MET EN RAPPORT DIRECT LES PRODUCTEURS HONORABLES ET HABILES AVEC LES CONSOMMATEURS ET INDUSTRIELS qu'un intérêt spécial conduit vers l'exhibition de leurs produits ; signaler ce rapprochement suffit pour qu'apparaissse clairement le *double avantage qui en résulte et pour le* VISITEUR *et pour* L'EXPOSANT.

A la suite de la seconde partie du **Guide-Livret International** et comme celle-ci traduit sur une version unique dans *les langues étrangéres,* un Appendice s'impose en quelque sorte : le *Manuel de l'Exposant.*

Ce Manuel donnant à l'Exposant des renseignements généraux sur *la Législation française, entre Vendeurs et Acheteurs,* — *sur les Réglements du Palais de l'Industrie,* — *sur les moyens de transporter, installer, préserver, assurer leurs produits,* offrira au Visiteur lui-même des détails utiles, à la condition d'être court, substantiel et de se borner aux détails pratiques que nous venons d'indiquer ci-dessus.

Le Directeur-Gérant du Guide-Livret international,
A. LEBIGRE-DUQUESNE.

PUBLICITÉ

DU

GUIDE-LIVRET INTERNATIONAL

Lorsque nous avons, au mois de février dernier, émis l'idée de publier le **Guide-Livret International**, l'accueil sympathique et les adhésions que nous avons reçues d'un grand nombre de Commerçants, d'Industriels, de Fabricants français et étrangers, nous ont engagés à réserver une certaine place à la publicité.

L'Exposition universelle de 1862, *à Londres*, a reçu SIX MILLIONS DE VISITEURS; il serait impossible que celle de 1867, *à Paris*, n'en comptât pas *au moins autant*.

Le **Guide-Livret International** sera indispensable aux Visiteurs, son prix (2 fr. relié) à la portée des bourses les plus modestes.

On peut donc calculer, sans exagération, que

sur *cent Visiteurs*, il y aura au moins dix acheteurs, ce qui porterait le chiffre de vente à SIX CENT MILLE EXEMPLAIRES. Réduisant ce chiffre *d'un tiers*, nous croyons être bien modeste en évaluant à QUATRE CENT MILLE le chiffre du tirage.

Il est inutile d'insister sur l'importance de cette publicité ; cependant nous croyons devoir établir la comparaison suivante :

Le prix de l'insertion dans le **Guide-Livret International** est fixé à 200 fr. LA PAGE *en chaque langue*, soit 1,000 fr. pour les *cinq pages* en *Français*, *Anglais*, *Allemand*, *Italien*, *Espagnol*.

Quiconque veut faire une publicité de *quatre cent mille circulaires* doit calculer ainsi le prix de revient :

Affranchissement à la poste de 400,000 circulaires, à 1 centime. . . . . 4,000 fr.

Fabrication : Papier, composition, tirage, bandes d'adresses, *le tout calculé au minimum*, 1 centime. . . . 4,000 fr.

TOTAL. . . . . 8,000 fr.

Les personnes qui font de la publicité savent fort bien quel sort est réservé aux trois quarts des circulaires envoyées par la poste ; les unes s'égarent, les autres sont jetées au panier par les destinataires.

Dans le **Guide-Livret International** la partie *Insertions et Annonces* sera reliée avec l'ouvrage lui-même et FORCÉMENT PLACÉE SOUS LES YEUX DES LECTEURS.

Quant à la différence de prix de ces deux publicités, nous n'insistons pas, les chiffres sont assez éloquents par eux-mêmes.

Des traités spéciaux avec l'*Angleterre*, l'*Allemagne*, l'*Italie* et l'*Espagne* nous assurent le concours de ces pays étrangers. Cependant nous avons tout d'abord réservé, dans le **Guide-Livret International**, un certain nombre de pages à la disposition des Maisons françaises.

Ce nombre de pages est limité, il est vrai, mais l'on comprendra facilement notre réserve à cet égard, en songeant que le **Guide-Livret International** n'est point un livre d'annonces, mais bien et avant tout un ouvrage destiné à rendre de nombreux services aux Visiteurs de l'Exposition.

Un dernier mot sur cette partie de notre ouvrage :

Nous déclarons, comme nous l'avons déjà fait,

que nous tenons essentiellement à n'être point confondu avec *le Catalogue.*

Le **Guide-Livret International** a pour mission de GUIDER LES VISITEURS DE TOUS PAYS *tant au dehors qu'à l'intérieur de l'Exposition.*

Nous croyons fermement que si le *Catalogue* est consulté par un nombre déterminé de Visiteurs, le **Guide-Livret International** *sera acheté par les Voyageurs de tous les pays*, parce qu'il leur donnera *dans leur langue nationale* les renseignements dont ils auront besoin chaque jour, et qu'il servira à tous d'interprète pour visiter l'Exposition.

HACHETTE (Louis-Christophe-François)

Libraire français, né à Rethel (Ardennes), le 5 mai 1800, se destina à l'enseignement et entra en 1819 à l'Ecole normale, où il venait de terminer avec succès ses études de troisième année, lorsqu'elle fut licenciée au mois de septembre 1822. Eloigné ainsi brusquement de la carrière du professorat, avec les plus distingués de ses condisciples, MM. Farcy, L. Quicherat, Geruzez, etc., il consacra plusieurs années à l'étude du droit et des affaires, et crut pouvoir se rattacher à l'instruction publique en fondant une librairie classique qui prit pour devise : *Sic quoque docebo*. De 1826 à 1850, les publications littéraires et scientifiques sorties de cette librairie se sont répandues dans tous les établissements publics et particuliers de France et de l'étranger. Sous son impulsion, tous les textes français, latins et grecs des auteurs classiques ont été revus et annotés avec soin par les professeurs les plus habiles ; de nouveaux dictionnaires, fruits de quinze à vingt ans de travaux, de nouvelles méthodes d'enseignement, sont venus fortifier les études à tous les degrés ; des journaux spéciaux, la *Revue de l'Instruction publique,* le *Manuel général de l'Instruction primaire, l'Ami de l'Enfance,* etc., ont répandu parmi les professeurs, les instituteurs et les directeurs des salles d'asile, les meilleurs principes et les connaissances spéciales.

De 1850 à 1860, M. L. HACHETTE activement secondé par ses gendres, MM. BRÉTON et TEMPLIER, a entrepris de joindre à la librairie classique la grande librairie littéraire et scientifique. Dans l'espace de ces dix années, il a fondé la *Bibliothèque variée,* qui est appelée à réunir les œuvres des contemporains les plus célèbres ; la *Bibliothèque des chemins de fer,* qui a fait entrer la lecture dans les habitudes du voyage ; la *Collection des guides itinéraires* ou *Guides-Joanne* (voyez JOANNE), qui, après avoir absorbé les publications commencées par d'autres éditeurs, se compose aujourd'hui de plus de 100 volumes ; le *Tour du monde,* nouveau journal des voyages (1860 et suiv., gr. in-8°, hebdomadaire) ; la *Bibliothèque rose illustrée pour les enfants et les adolescents;* une série de *Dictionnaires universels,* dont notre *Dictionnaire des Contemporains* fait partie ; une suite de splendides éditions illustrées : *l'Enfer* de Dante, *Atala, Don Quichotte* (in-folio; avec dessins de M. G. Doré) ; la collection des *Grands écrivains de la France,* publiée d'après les manuscrits et les éditions originales, sous la direction de M. A. Regnier, et comprenant Mme de Sévigné, Corneille, Malherbe, Racine ; une *Bibliothèque populaire,* à 1 fr., etc. Ajoutons à ces grandes collections la première édition correcte et dans trois formats à la fois (1856 et suiv., 20 vol. gr. in-8°, 12 vol. in-12) des *Mémoires de Saint-Simon,* d'après les manuscrits dont le dernier héritier de ce nom était possesseur.

De concert avec M. Ch. Lahure (voyez ce nom), M. L. HACHETTE a créé, en 1855, *le Journal pour tous,* publication hebdomadaire puis bi-hebdomadaire illustré à 10 centimes, qui s'est imprimé à 150,000 exemplaires, et qui est devenu depuis la propriété exclusive de M. Lahure. Ils ont aussi fait paraître en commun les éditions populaires suivantes : *Œuvres complètes des principaux écrivains français; Chefs-d'œuvre des littératures modernes étrangères; Bibliothèque des meilleurs romans*

BEAUTY WITHOUT PAINT!

NO MORE ROUGE! NO MORE PINK SAUCERS

What a Lovely Girl that is!
— Oh, she uses **DR. BOSWELL'S BEAU-TIFIER**, which removes all Pimples, Freckles, Sunburn and Tan Who couldn't have a beautiful complexion, who has Fifty Cents or One Dollar to send him for a box of it?

His **HAIR ERADICATOR**, for removing superfluous hair from a lady's lip, chin, neck, arms, etc., has no equal. Price One Dollar per bottle.

His **PILLS FOR FEMALES** have not a rival in the world.

His permanent and positive **CURE FOR SPERMATORRHŒA** has no equal.

All Dr. Boswell's articles are sent by mail, free of postage

"**THE SECRET OF BEAUTY**; or, How to be Handsome;" a little book of 32 pages, sent free to every person that wishes it.

All orders must be addressed to

DR. F. W. BOSWELL,
No. 5 Beekman Street, New York.

For Sale by

P. L. TADMAN & C°., No. 81 Bleecker Street, (four doors west of Broadway),

Mrs. **HAYS,** No. 175 Fulton street, Brooklyn, **AND ALL DRUGGISTS.**

DR. MOTT'S

CHALYBEATE PILLS

AN APERIENT AND STOMACHIC PREPARATION

OF

PURIFIED IRON

Sanctioned and prescribed by the Medical Faculty.

Europe and America, for its extraordinary efficacy in several extensive classes of diseases, and as a

GENERAL RESTORATIVE

Not less than four classes of diseases are due to the **LOSS OF IRON IN THE BLOOD.** — *Dr. Reese's Formulary.*

Wholesale and retail at the principal office, 339 Broadway, and by all Druggists in town and country.

R. B. LOCKE,
General Agent, 339 Broadway.

BEAUTY WITHOUT PAINT!

NO MORE ROUGE! NO MORE PINK SAUCERS

What a Lovely Girl that is! — Oh, she uses **DR. BOWELL'S BEAUTIFIER**, which removes all Pimples, Freckles, Sunburn and Tan Who couldn't have a beautiful complexion, who has Fifty Cents or One Dollar to send him for a box of it?

His **HAIR ERADICATOR**, for removing superfluous hair from a lady's lip, chin, neck, arms, etc., has no equal. Price One Dollar per bottle.

His **PILLS FOR FEMALES** have not a rival in the world.

His permanent and positive **CURE FOR SPERMATORRHŒA** has no equal.

All Dr. Boswell's articles are sent by mail, fres of postage.

" **THE SECRET OF BEAUTY**; or, How to be Handsome; " a little book of 32 pages, sent fres to every person that wishes it.

All orders must be addressed to.

DR. F. W. BOSWELL,
No. 5 Beekman Street, New York.

For Sale by

P. L. TADMAN & C°., No. 81 Bleecker Street, (Four doors west of Broadway).

Mrs. **HAYS**, 375 No. Fulten street, Brocklyn, **AND ALL DRUGGISTS.**

DR. MOTT'S
CHALYBEATE PILLS

AN APERIENT AND STOMACHIC PREPARATION

OF

PURIFIED IRON

Sanctioned and prescribed by the Medical Faculty.

Europe and America, for its extraordinary in several extensive classes of diseases, and as a

GENERAL RESTORATIVE

Not less than four classes of diseates are due to the Loss of Iron in the Blood. *Dr. Rœse's Formulary.*

Wholesale and retail at the principal office, 339 Broadway, and by all Druggists in town and country.

R. B. LOCKE,
General Agent, 339 Broadway.

Service régulier pour le transport des Passagers

sur

le **VOLGA**, la **KAMA** & la mer **CASPIENNE**

PAR LES COMPAGNIES

CAUCASE & MERCURE

De *Nijni-Novgorod* à *Astrakhan*. — Tous les Mardis et Samedis, à 11 heures du matin.

A *Kazan*. Tous les Lundis, Mardis, Mercredis, Vendredis et Samedis à 11 heures du matin.

A *Perm*. — Tous les Lundis, Mercredis, Vendredis, et Samedis à 11 heures du matin.

A *Perm* et *Astrakhan* — Tous les Dimanches et Vendredis, à 11 heures du matin.

A *Kazan* et *Nijni-Novgorod*. — Tous les Dimanches, Mardis, Jeu-dis, Vendredis, à 10 heures du matin.

D'*Astrakhan* à *Kazan*, *Nijni-Novgorod*, et *Perm*, tous les Dimanches, Mardis, Jeudis et Vendredis, à 10 heures du matin.

D'*Astrakhan* à *Pétrowsk Bakon* et *Astrabad*, le Jeudi, tous les 15 jours, à 7 heures du matin.

D'*Astrabad* : *Bakin*, *Petrowsk* et *Astrakhan* le Mardi à 1 heure du matin, tous les 15 jours.

Compagnie Marseillaise de Navigation

A VAPEUR

MARC FRAISSINET PÈRE & FILS

Départs réguliers, le Dimanche et le Mercredi à 8 h. du matin

GÊNES, LIVOURNE, CIVITTÁ-VECCHIA ET NAPLES

Service régulier entre Marseille et Constantinople

Gênes, Messine, le Pirée, Syra, Smyrne, Volo, Salonique, Dardanelles, Gallipoli et Rodosto (Galatz, Ibraïla, Ineboli, Sinope, Samsoum, Kerassunde, Trébisonde, Varna, Sulina, Tultscha, Odessa, Mer d'Azof et Poti.)

Départs les 1er, 11 et 21 de chaque mois.

Départs les 15 et 30 de chaque mois

Ligne d'Alexandrie, touchant à Livourne et à Malte

GASPAR Y ROIG, EDITORES

EL MUSEO UNIVERSAL

PERIODICO SEMANAL

DE CIENCIAS, LITERATURA, ARTES, INDUSTRIA Y CONOCIMIENTOS UTILES

REDACTADO POR LOS PRIMEROS LITERATOS

ILUSTRADO CON MULTITUD DE LAMINAS Y GRABADOS POR LOS MEJORES

ARTISTAS DE MADRID

Los Prospectos que se reparten en los puntos de suscricion, explican su objeto y condiciones.

Madrid		Provincias	
Números sueltos á. . . .	2 rs	El trimestre.	28 rs.
El trimestre	22 —	Medio año	50 —
Medio año	42 —	Un año	96 —
Un año	80 —		

Isla de Cuba, Puerto-Rico y Extranjero. — Un año   7 pesos
América y Asia   10   —

Las colecciones de los años de 1857, 1858 y 1859, se venden por separado á 40 rs. en Madrid, y en provincias 48 : las de 1860, 1861, 1862, 1863, 1864 y 1865 á 80 rs. en Madrid y 96 franco de porte en provincias.

A los suscritores de Madrid y de provincias que se suscriban por año, se les regala un Almanaque ilustrado.

NOTA IMPORTANTE. — Todo pedido que se haga por conducto de los corresponsales del establecimiento, tanto de obras concluidas como en publicacion, ó para completarlas, se sirve inmediatamente. En los puntos en donde no haya corresponsal, pueden adquirirse remitiendo su importe en libranzas ó sellos de correos.

Coupoir - Bizeautier pour Interlignes, Filets & Espaces

Cette Machine, la plus complète et la plus simple à la fois, est d'un usage indispensable pour tous les travaux typographiques : depuis le Labeur jusqu'aux Travaux-de-Ville les plus compliqués. Elle est munie d'un Coupoir d'une coupe perfectionnée pour les Interlignes et les Espaces, dont on peut couper 2 à 3,000 à l'heure, depuis 5 points jusqu'à 150 points de longueur, avec une justesse irréprochable et sans retouche. Avec le *Coupoir - Bizeautier* de cette Machine on peut faire des Filets systématiques sur toutes les longueurs, joignant parfaitement de l'œil et des angles sur toutes les coupes, depuis le carré, l'octogone, jusqu'au lozange le plus allongé. Elle peut servir à rogner les garnitures les plus fortes.

Schneid - Maschine für Durchschuss, Ausschluss Linien und Gehrungen

Diese Schneidmaschine ist die vollstandigste und einfachste zugleich und von unentbehrlichem Gebrauch für alle typographischen Arbeiten von der gewonlichsten bis zur complicirtesten Sie enthalt ein vervollkomnetes Messer zum Schneiden von Durchschuss und Spatien, deren in einer Stunde 2 an 3,000 Stuck von 5 bis 150 Punkt Lange von hochster Genauigkeit geschnitten werden konnen. Mit dem *Linienhobel* kann man systematische Linien auf alle Langen schneiden, die sich genau in Auge und Winkel zusammenfügen, vom Dreieck, Quadrat und Achteck bis zum grossten langlichen Viereck. Ebenso dient er zum Beschneiden von Regletten, Hohlstegen Quadraten.

Médaille à l'Exposition de 1855

J, BOILDIEU

MÉCANICIEN

pour

LA TYPOGRAPHIE

8, Rue du Regard, 8

PARIS

On peut, en 24 heures, grâce à l'Outillage spécial de cet Etablissement satisfaire à n'importe quelle commande

Macchinetta per tagliare e scantonare Interlinee ed i Fileti

Questa Macchinetta per tagliare e scantonare le Interlinee ed i Fileti è d'una precisione tale che eseguisce qualunque difficile lavoro ; essa è di una grande utilità ed indispensable in ogni tipografia. Potendo tagliare ogni specie d'Interlinee e Fileti, oltre al poter tagliare da 2,000 a 3,000 Spaziall' ora da 5 a 150 punti di lunghezza per mezzi di un coltello perfezionato. Havvi pure una pialla (rabot) colla quale si possano far Fileti sistematici d'ogni grandezza, e si combacciano perfettamente nell' occhio e negli angoli dal triangolo al quadrato ed all' ottagono.

NOUVEAU SYSTÈME

BREVETE s. g. d. g.

DE

MACHINES LOCOMOBILES VERTICALES

MACHINES FIXES VERTICALES & HORIZONTALES

PRESSES HYDRAULIQUES

MACHINES A BRIQUES

LELEU & CLAVIER

Les Machines de cette Maison se recommandent à MM. les Industriels par leur construction & surtout par l'économie de combustible, évaluée à 40 p. 0/0 sur les autres moteurs.

Machines depuis 2 chevaux-vapeur jusqu'à 25 et 30

LAMINOIRS

TRANSMISSIONS

73, Boulevard Montparnasse, 73

PARIS